Hersteller / Manufacturer (GPSR)
Storylution GmbH, Biberstraße 5, 1010 Vienna, Austria
E-Mail: story.one@story.one

Malte Leyhausen

Stumme Linien Entdeckungsreise zum Vater meiner Kindheit

story.one – Life is a story

story.one

FSC
www.fsc.org
MIX
Papier aus verantwortungsvollen Quellen
Paper from responsible sources
FSC® C105338

1st edition 2024

Production, design and conception:
story.one publishing - www.story.one
A brand of Storylution GmbH

Font set from Minion Pro, Lato and Merriweather.

ISBN: 978-3-7115-2708-0

Erinnern heißt auswählen.

INHALT

Stumme Linien

Stumme Linien nennt man in der Druckersprache die unsichtbaren Linien, die wir wahrnehmen, wenn zum Beispiel zwei Bilderrahmen exakt im gleichen Abstand von der Decke nebeneinander hängen. Obwohl es zwischen den Rahmen eine Lücke gibt, bemerkt unser Gehirn, dass sich zwischen ihren Oberkanten eine *stumme Linie* bildet. Es gab Momente mit meinem Vater, in denen sich zwischen ihm und mir *stumme Linien* zogen. Es waren Tage, an denen wir seine Freunde besuchten, seine Firma bewunderten, seinen Geschichten lauschten.

Zehn dieser Erinnerungsstücke habe ich ausgewählt und aneinandergesetzt, so wie mein Vater zum Beginn seiner Karriere als Schriftsetzer die Buchstaben aus dem Setzkasten wählte und in die Druckform setzte: Einen Tag in der Setzerei beim Gautschfest. Einen Tag bei einem Freund, der damals das Who is Who der Liedermacher beherbergte. Und acht andere Fundsachen aus meiner Kindheit, die mit den unzähligen Facetten meines Vaters zu tun haben.

Wenn ich meinen Vater in diesem Buch auch Manfred nenne, bedeutet das keine Distanzierung, sondern es beruht auf der Besonderheit, dass wir Geschwister früh begonnen haben, unsere Eltern beim Vornamen zu nennen. Und sie haben sich nie daran gestört.

Als ich 1968 geboren wurde, gab es noch keine Väterforschung, die uns heute die Bedeutung des Vaters für die kindliche Entwicklung ausbuchstabiert. Idealerweise bieten Väter ihrem Sprössling ab dem Zeitpunkt der Geburt möglichst viele Gelegenheiten, eine Bindung aufzubauen mit viel Körperkontakt, Spaß und Spiel. Angeblich würden sie lieber rangeln und raufen als füttern und windeln, lieber korrektes Deutsch mit den Kleinen sprechen als Babysprache. Als ich das Licht der Welt erblickte, galt man als guter Vater, wenn man genug Geld für die Familie nach Hause brachte und seine Kinder nicht schlug.

In den hier versammelten Geschichten ist nichts dazu erfunden, aber erinnern heißt auswählen. Und jede neue Auswahl erschafft die Erinnerung neu. Denn die Wahrheit lässt sich niemals als vollständiges Bild erfassen. Es lässt sich nur ein Mosaik aus gewählten Erinnerungssplittern zusammenfügen, dem manche tollkühn den Titel geben: So war es wirklich ... Doch es gibt keine wirklichen Vergangenheiten, sondern nur vergangene Wirklichkeiten. Und wer glaubt, die "richtige" Wirklichkeit aus der Vergangenheit lesen zu können, der kann auch versuchen, einen Pudding an die Wand nageln.

Vielleicht haben Sie ja auch Lust, in zehn Kapiteln die Geschichte Ihres Vaters neu zu schreiben. Sie wählen aus der Erinnerung die positiven Erlebnisse und es ergibt sich ein überraschendes Bild. Mit *stummen Linien.* Wer Sorge hat, ein unausgewogenes Vaterporträt zu zeichnen, dem empfehle ich mehrere Entwürfe. In einfachen Worten: Gönnen Sie sich öfters einen anderen Vater, aber achten Sie darauf, dass es der eigene ist.

Schriftsetzer - Schriftsteller

Es gab eine Zeit, da wurde die Schrift noch mit der Hand gesetzt. Buchstabe für Buchstabe. Die Druckform wurde später in die Druckmaschine gespannt, um mit schwarzen Lippen jedes unbeschriebene Blatt einzeln zu küssen. Was heute nach Mittelalter klingt, war in meiner Kindheit noch eine untergehende Ära. Und meine Kindheit ist erst fünfzig Jahre her. Mein Vater betrieb so eine Schriftsetzerei mit bis zu dreißig festen und freien Mitarbeitern. Die langen Schränke, in denen die Setzkästen mit den verschiedenen Schrifttypen die Schubladen bildeten, reichten den Erwachsenen bis zum Bauchnabel. Ein Schriftsetzer musste über beeindruckende Fähigkeiten verfügen. Zum Beispiel beherrschte er die Kunst, den gesetzten Text kopfüber in Spiegelschrift lesen zu können.

Einen anderen Raum füllte eine imposante Setzmaschine. Das Wundergerät bot eine mechanische Tastatur. Bis vor kurzem glaubte ich, der gigantische Apparat hätte die Bleibuchstaben in die Druckform geschossen. In Wirklichkeit spuckte er für jeden Buchstaben eine Gussform aus und reihte sie zu einer Matrizenzeile, die hinterher mit einem teuflischen Gemisch aus Blei, Antimon und Zink ausgegossen wurde. So ließ sich der benötigte Satzspiegel für die Druckform maschinell setzen und nach Gebrauch wieder einschmelzen.

Das Handwerk brachte auch bildhafte Begriffe hervor, die zu Herzen gehen: *Brotschrift*. Das ist der Schrifttyp für den Fließtext, das tägliche Brot des Setzers. *Blindtext* meint einen Text, der keinen Sinn ergibt und als Dummy nur das Schriftbild simuliert. Ein *Schusterjunge* umschreibt die erste Zeile eines Absatzes, die es nicht auf die nächste Seite geschafft hat und am unteren Rand der vorherigen Seite einsam das Schriftbild verhagelt. Sein Gegenspieler ist das mittlerweile politisch unkorrekte *Hurenkind*, die letzte Zeile eines Absatzes, die auf die nächste Seite überlappt und dort allein in der Kälte steht. Ebenso zweideutig verhält es sich mit dem *Gautschen*. Bezeichnete es ursprünglich das Auspressen des Wassers bei der Papierherstellung, erlangte es bald einen zweiten feucht-fröhlichen Sinn. Traditionell werden die frisch gebackenen Drucker- und Setzergesellinnen und -gesellen beim Gautschfest in eine

Wanne geworfen und getauft. Ich erinnere mich an eine Setzertaufe, bei der mein Vater sich als Johannes Gutenberg, dem Erfinder des Buchdrucks, verkleidet hatte. Ich durfte ihm als Ghostwriter für seine Rede ein paar Verse beisteuern: "XY, der Geniale, schmeißt jetzt in Hamburg die Filiale." Musikalisch wurde die Gaudi von einer Dixielandband untermalt, die im Keller der Setzerei ihren Probenraum hatte. Auch hier ertönten auf amerikanische Evergreens deutsche Reime, die meinem Vater aus der Seele sangen: "Wäre ich ein Scheich, dann wäre ich so reich ..."

Mark Twain entwickelte sich vom Schriftsetzer zum Schriftsteller. Ich wollte den Schriftsetzer überspringen und gleich als Autor einsteigen. Mein Vater hat mir hierzu den Steigbügel gehalten ...

WO
MAN SETZT,
DA LASS
DICH RUHIG
NIEDER!

Moses

Es gab im Freundeskreis meines Vaters einen unglaublichen Mann. Er wohnte mit zwei unglaublich großen Hunden in einer weißen Windmühle und sah mit seinem Vollbart aus wie er hieß: Moses. Moses zeichnete lustige Figuren für die Werbung und für Schallplattenhüllen. In der Mühle gab es natürlich auch eine Küche. Einige der weißen Kacheln schmückten Karikaturen. In einem Porträt erkannte ich meinen Vater. Seine charakteristische Nase mit wenigen Strichen hingeworfen. Die Nase, die nach einem Boxkampf als Teenager für immer ihre Form verändert hatte.

Als wir einmal in der Mühle waren, schickte mich meine Mutter zu Moses, ich solle ihn bitten, mich zu zeichnen. Wenn ich mit meinen fünf Jahren geahnt hätte, dass mich der Mann skizzierte, den mittlerweile alle Welt als Namensgeber des *moses. Verlags* mit ihren *black stories* kennt, hätte ich die Zeichnung sicher im Tresor aufbewahrt. Aber das Kunstwerk blieb nicht länger in meinem Besitz als alle anderen

Habseligkeiten, die ein Fünfjähriger an einem Sonntagnachmittag in den Hosentaschen hat. Vor kurzem entdeckte ich andere Originale von Moses in den Gästebüchern, die mein Vater auf seinen Firmen-Events auslegte. Da waren sie wieder, die Karikaturen von einem schwarz gescheitelten Geschäftsmann, den man sofort an seinem guten Riecher erkannte. Geschäftlich und auch optisch.

Später erfuhr ich, dass bei Moses berühmte Liedermacher und Kabarettisten ein und aus gingen. Auf ihren Tourneen übernachteten Colin Wilkie, dessen Songs von Hannes Wader ins Deutsche gebracht wurden, Hanns Dieter Hüsch, Konstantin Wecker und manch anderer großer Kleinkünstler gerne in den runden Wänden der Wackertapp-Mühle am Niederrhein. Hüsch wurde später mein Idol und der Grund, selbst als Kabarettist auf die Bühne zu gehen. Doch darüber habe ich schon einen Roman geschrieben. Zu den Freunden von Moses zählte auch das Musikerpaar Hai und Topsi Frankl, das vor allem jiddischen Liedern eine Seele gab. Hai konnte 1942 vor den Nazis aus Deutschland nach Schweden fliehen. Dort lernte er auf der Kunstfachschule Topsi kennen. Bei ihren Auftritten in Schweden kam regelmäßig ein junger Deutscher mit seiner Gitarre vorbei, um die beiden musikalisch zu unterstützen. Er hatte nach seiner Lehre in Düsseldorf die Füße nicht mehr bei seinem Vater unter den Tisch stellen wollen und war deshalb nach Schweden geflohen: Mein Vater.

Und jetzt wird es niederrheinisch gemischt. Moses war als Kind auch für kurze Zeit nach Schweden geflohen und mein Vater meint, dass Moses in Schweden auch Hai und Topsi kennengelernt hätte. In einer Radiosendung, in der Moses zu seinen berühmten Freunden befragt wurde, klang es für mich nicht so eindeutig. Aber das spielt nach so vielen Jahren keine Rolle mehr. Denn das ist doch das Schöne an den Geschichten vom Niederrhein. Sie können ganz genau so auch ganz anders gewesen sein ...

Schweden

Mein Vater konnte einmal hundert Fahrtenlieder auswendig und auf der Gitarre begleiten. Mit achtzehn hatte er den Gesellenbrief in der Tasche und wollte sich unabhängig von seinem Vater machen. Deshalb trampte er mit der Klampfe nach Schweden und heuerte dort als Schriftsetzer an. Holzfäller in Kanada hätte ihm auch gefallen, aber das nordische Königreich lag näher. Bei seiner Ankunft waren nicht nur die Taschen leer, sondern auch der Magen. Sein Startkapital von 200 Mark mussten für die Miete auf den Tisch gelegt werden. Die erste Woche ernährte sich mein Vater von einem Laib Brot und einem Glas Marmelade. Zum Glück wusste er von einer Hauswirtschaftsschule, bei der man sich für 3,50 Kronen satt essen durfte. Mit seinem ersten Wochenlohn fieberte er dem Besuch der Lehrküche entgegen. Die Schülerinnen staunten nicht schlecht, als ihr deutscher Gast einen Berg von 32 Pfannkuchen verdrückte. War das menschenmöglich, fragten sie sich auf Schwedisch, eine Sprache, die sich mein Vater selbstverständlich in drei Monaten aneignete. Das opulente Mahl wurde mit einer Tasse Kaffee begossen. Ein Fehler wie sich bald herausstellte. Er schaffte es nicht mehr die Treppe hinunter und musste sich auf den Absatz setzen. Die staunenden Mädchen eilten herbei und verspotteten ihn als Vielfraß.

Schon bald wurde meinem Vater die Ehre zuteil, von schwedischen Familien eingeladen zu werden. Das war 1956 im Land der Elche, in dem die Autos noch links fuhren, keinesfalls selbstverständlich. Die heute so lockeren Schweden bevorzugten noch das Sie und waren Fremden gegenüber sehr zurückhaltend. Auch bei diesen Gelegenheiten hofften die Gastgeber, dass ihnen der junge Mann nicht die Haare vom Kopf frisst.

Nach achtzehn Monaten in Schweden wurde mein Vater zur Bundeswehr einberufen. Seine Reiselust ließ ihn vorher noch mit der Gitarre durch Europa trampen. Als er in der Schweiz ein Stück mitgenommen wurde und eine neue Mitfahrgelegenheit brauchte, täuschte der Fahrer eine Panne für ihn vor. Das Gesetz verlangte, dass man sofort anhalten muss, sobald man eine Panne sieht. Auf diese Weise stoppte der nächste Wagen und die Weiterfahrt war gesichert. Während des Wehrdienstes in Norddeutschland lernte er meine Mutter kennen.

Dann kam der Tag, an dem mein Vater mit uns in Schweden Urlaub machte. Wir hatten eine kleine Insel für uns allein. Ein Freund von Manfred wohnte dort mit seiner Familie und hatte sein Haus in der Zeit gegen unser Ferienhäuschen an der Mosel getauscht. Wir kamen uns vor wie in einer Geschichte von Astrid Lindgren. Von der kaminroten Sauna im Garten konnte man direkt ins Meer springen. Oder war das nicht das Meer, sondern eine riesige Seenlandschaft? Das weiß ich nicht mehr. Ich weiß nur, dass mein Vater seiner Leidenschaft dem Angeln nachgehen konnte und einen großen Hecht gefangen hat. Und der wurde gegrillt wie bei den Pfadfindern.

Außer der Insel zeigte mein Vater uns noch viele andere schöne Orte in Schweden. Dabei sprach er immer noch fließend Schwedisch. Und ich war auf seine Sprachkenntnisse mächtig stolz ...

Düsseldorf

Mein Vater und ich wurden in Düsseldorf geboren. Mit dreißig Jahren Abstand. Meinen Eltern wurde in aller Herrgottsfrühe die Türe des Krankenhauses nicht geöffnet, weil die Nachtwache schlief. So schlüpfte ich vor der Tür in den schönen Mantel meiner Mutter, der danach nicht mehr zu gebrauchen war. Mit sechs zogen wir auf die andere Rheinseite nach Neuss. Aber die Firma meines Vaters blieb in Düsseldorf und meine Großeltern, Onkel und Tanten auch. Dazu gehörte der sprichwörtliche Onkel Otto, der mit dem Zollstock einen Meter Bier bestellte. Als Putzer und Stuckateur verputzte er die Wände mit beiden Händen gleichzeitig. Mein Vater sagte oft, Otto hat nach dem Krieg so gut verdient, dass ihm die ganze Flingerstraße gehören könnte. Onkel Otto konnte auch zaubern, singen und Gitarre spielen. Mit siebzehn ließ mein Vater meinen ersten Gedichtband setzen und drucken und verschenkte ihn an seine Kunden. Ein Exemplar geriet in die Hände von Onkel Otto, der sonst keine Lyrik las. Das erste Gedicht stellte den Ärger über das falsch gekochte Frühstücksei dem Elend der Welt gegenüber. Das trieb Onkel Otto die Tränen in die Augen und er sagte auf Düsseldorfer Platt, *Jung, du vertrittst jenau ming Meinung.* Denn sein Herz schlug links.

Mein Vater fuhr auch samstags in seine Firma. Ich ließ mich oft von ihm mit nach Düsseldorf nehmen, um meine Oma zu besuchen. Dann lief im Autoradio WDR 2 oder es ertönten Kassetten von Rod Stewart, Simon and Garfunkel und Cat Stevens. Auf die großen Flitzer meines Vaters waren meine Freunde neidisch. Wer hatte schon einen Papa, der einen schnittigen BMW fuhr oder einen goldenen Mercedes? Manfred war auch einer der ersten, der über ein Autotelefon verfügte. Handys waren noch nicht erfunden. Als eine Frau mit ihrem Wagen eine Panne hatte, hielt er sofort und bot ihr sein Telefon an. Sie klingelte bei ihrem Freund durch, um zu berichten, dass sie mitten auf der Autobahn liegen geblieben wäre. Der Freund fragte, von wo telefonierst du eigentlich? Und sie sagte, von irgend so einem Mann mit Autoradio ...

Auf dem Weg zu meiner Oma stoppten wir bei der Hauptpost, wo Manfreds Briefe schon viel früher im Postfach lagen, als wenn der

Postbote sie gebracht hätte. Bei meiner Oma durfte ich viel mehr fernsehen als Zuhause. Es gab nur ARD und ZDF und das dritte Programm sendete erst abends. Deshalb spielten wir auch viel Rommé und Canasta. Einmal sagte mein Vater, du hast bei der Oma bestimmt wieder nichts anderes gemacht als ferngesehen! Es herrschte bis in die 1980er Jahre die Sorge, dass ein bis zwei Stunden fernsehen am Wochenende zur totalen Verblödung von Kindern und Jugendlichen führen würde. Eine Medienzeit, von der die Eltern von heute nicht zu träumen wagen.

Im Gegensatz zum provinziellen Neuss erschien mir Düsseldorf auch als die Stadt der hohen Kultur, als Heimat von Heinrich Heine, vom weißen Schauspielhaus, das aussah wie eine verrutschte Torte, vom Kabarett Kom(m)ödchen, in dem ich den blutjungen Harald Schmidt mit Hugo Egon Balder auf der Bühne sah. Und auch immer wieder den Freund von Moses: Hanns Dieter Hüsch. Auf so einer Kabarettbühne wollte ich auch bejubelt werden. Zwanzig Jahre später war es so weit.

USA

Mit dem amerikanischen Traum konnte mein Vater viel anfangen. Wer etwas wirklich will, der kann es auch schaffen. Es kommt nicht darauf an, wo du herkommst, sondern nur darauf, wo du hinwillst. Wenn du dein Ziel noch nicht erreicht hast, dann verdopple deinen Einsatz, bis sich dein Traum erfüllt.

Keine Frage, dass Manfred nicht nur fließend Schwedisch spricht, sondern auch verhandlungssicher Amerikanisch. Die Schriftsetzerei war nur der Anfang einer langen geschäftlichen Weiterentwicklung. Auf den Hand- und Maschinensatz folgte zeitgemäß der Fotosatz. Schon hier erweiterte mein Vater sein Angebot auf den Verkauf von Geräten, welche die Schrift in jeder Form verändern konnten. Mit der neuen Technik warfen die herkömmlichen Schrifttypen plötzlich Schatten, bekamen Bäuche oder wurden zu fröhlichen Wolken aufgeblasen, die auf Wunsch sogar in Schlangenlinien tanzten.

Als es die ersten Grafikcomputer gab, welche die Grafiken von Hand übertrumpften, stieg Manfred in den Vertrieb ein und eroberte sich die Generalvertretung eines US-Modells für Deutschland. Selbst eine der ersten Fachzeitschriften *Computer und Grafik* brachte er heraus und sie war an jedem Zeitungskiosk in Deutschland zu haben. Ich konnte mein Glück kaum fassen, als ich mit siebzehn einen Artikel über die beiden Apple Gründer beisteuern durfte, der dann auch an jeder Zeitungsbude der Republik erhältlich war. Die Apple Computer bescherten schließlich die Zeitenwende, weil sich damit jeder seine Drucksachen vom Schreibtisch aus selbst gestalten konnte. Wen wundert es, dass Manfred die technische Revolution gleich erkannte und Apple Händler wurde? Als sich das Geschäft mit Apple nicht mehr lohnte, weil die Margen immer magerer wurden, ließ sich mein Vater in den USA zum Coach ausbilden und entwickelte daraus vieles mehr.

Ich fand es aufregend, dass Manfred regelmäßig in die USA flog und dort Geschäfte machte. Er erzählte von Meetings und Messen in Amerika, wo es immer um sehr viel ging. An einem Tag brachte er mir ein amerikanisches

Buch mit Kartentricks mit. Zum ersten Mal entwickelte ich den Ehrgeiz, einen englischen Text zu verstehen. Abends führte ich ihm die Tricks vor und fühlte mich verpflichtet, sofort das Geheimnis dahinter zu verraten. Einmal zog er seine Brieftasche aus dem Jackett und notierte sich die Auflösung einer Kartenillusion. Jetzt hatte ich es nicht nur mit einem Text in den Zeitschriftenhandel geschafft, sondern auch in die Brieftasche meines Vaters. Und ich dachte: Bestimmt nimmt er die Brieftasche das nächste Mal mit in die USA und zeigt seinen Geschäftsfreunden meinen Kartentrick in akzentfreiem Amerikanisch ...

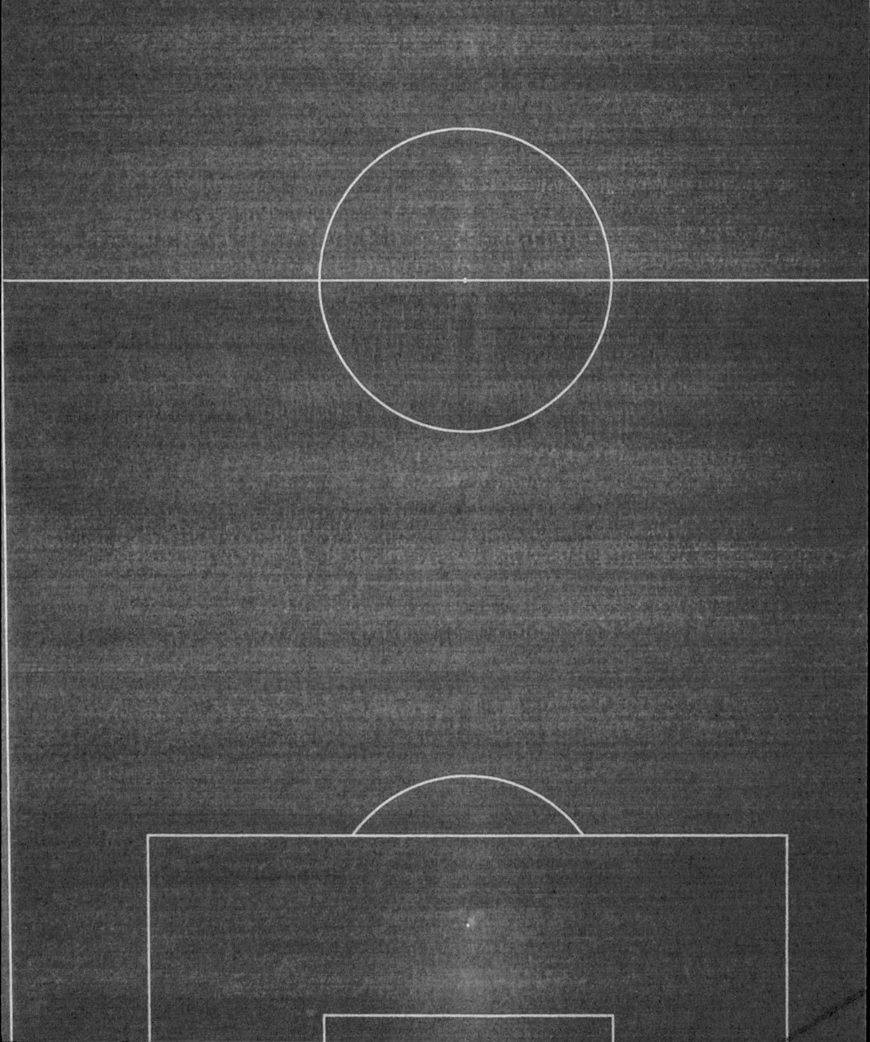

Halbzeit

An Heiligabend 2023 kam der Tag, an dem ich meinem 85-jährigen Vater die Kapitel bis zu dieser Stelle vorlegte. Während er meine bisherigen Bücher aus der Vogelperspektive gelobt hatte, ging er bei diesen Texten über seine frühen Jahre in die Froschperspektive und schaute ganz genau hin. Diese Art von Auseinandersetzung mit meiner Arbeit als Autor kannte ich von ihm bisher nicht. Ich schätzte diese neue und intensive Erfahrung sehr. Jedes Wort wurde geprüft, jeder Zusammenhang durchleuchtet, jede Angabe über seinen Beruf und sein Leben einem Faktencheck unterzogen. Erst jetzt erfuhr ich, wie die Bestandteile der Druckerpresse korrekt bezeichnet werden, welche prominenten Freunde von Moses ich noch nicht kannte und dass es bei seinem Aufenthalt in Schweden noch das förmliche Sie und den Linksverkehr gab. Er machte sich viele Gedanken, welchen Nutzen die Schilderungen aus seinem Leben den Lesern bringen könnten. Gab es doch noch so viele Erfolgsgeschichten, die andere ermutigen könnten, ihr Glück selbst in die Hand zu nehmen und niemals aufzugeben. Er unterstützte mich für die weiteren Kapitel mit E-Mails, in denen er die vielen Flughäfen und Länder auflistete, die er bereist hatte. Ich wollte aber schildern, wie ich meinen Vater als Kind erlebt habe.

Eine meiner Schwestern ließ sich von meinem Schreibprojekt inspirieren und versorgte mich ebenfalls mit ihren Kindheitserinnerungen. So stellte mein Vater einmal unser Kinderzimmer einem Antiquitätenhändler als Zwischenlager zur Verfügung und eine mannshohe Ritterrüstung bewachte unseren Schlaf. Ein anderes Mal ordnete ein Polizist an, Manfred solle für eine Verkehrssünde jedem seiner Kinder fünf D-Mark schenken. Das kostete ihn also damals zwanzig D-Mark. Als ich meinem jüngeren Bruder die Geschichte erzählte, ergänzte er einen ähnlichen Fall, wo die Polizei unserem Vater kurz vor Weihnachten auferlegte, etwas Gutes zu tun. Manfred kaufte eine Ladung Christstollen und verteilte sie an Obdachlose. Vergessen hatte ich auch das Abenteuer, bei dem er in seiner Firma einen Einbrecher in die Flucht jagte und sich dabei ein Bein brach und so weiter.

Das sind schöne Erinnerungssplitter. In der Halbzeit des Büchleins wird mir jedoch klar, dass ich lieber die *stummen Linien* verfolgen möchte beziehungsweise wie die äußeren Erlebnisse mit meinem Vater in der Kindheit mein inneres Erleben bis heute beeinflussen. Denn: Ich mache mir viele Gedanken, welchen Nutzen meine Erfahrungen den Lesern bringen könnten ;-).

Bestimmt erbte ich von meinem Vater die Eigenschaft, spannende Geschichten aus meinem Leben kompakt zu erzählen. Ich glaube, dass jede Biografie ungefähr gleich aufregend und gleich langweilig ist. Von Manfred lernte ich, sich die interessanten Geschichten zu merken und diese weiterzugeben. Es macht einen Unterschied, ob man den Fokus seiner Wahrnehmung auf Ereignisse lenkt, in denen die Hauptpersonen wehrlose Opfer ihrer Lebensumstände sind. Ich merke mir lieber die Beispiele, in denen sich jemand nicht in sein Schicksal ergibt, sondern seinen Spielraum der Veränderung erkennt und nutzt. Und wenn er dafür eine Kiste Christstollen springen lassen muss ...

ERIA
NA

Der Kick und die Zeit

Es gibt zwei Sorten von Menschen, die Dinge zu spät angehen. Die Angst-Aufschieber und die Kick-Aufschieber. Zum Beispiel wollen die ersteren pünktlich zum Flughafen fahren, kommen jedes Mal aber auf die letzte Minute los, weil sie Angst haben, etwas beim Kofferpacken zu vergessen. Ganz anders sieht es bei den letzteren aus. Es bereitet ihnen einen Kick, den Tag nahtlos zu verplanen und den Flieger kurz vor knapp doch noch zu erreichen.

Obwohl ich als Kind nichts von dieser Einteilung wusste, klangen die Geschichten meines Vaters eher nach Kick als nach Angst. Wie oft hat er auf den letzten Drücker eine Maschine erwischt; und wenn er sich über das Gepäckband den Weg zum Gate bahnen musste. Es fehlte nicht an Schilderungen, wo die Zeit seine härteste Gegnerin war und sein Charme so manches auffing. Eine Tanzpartnerin wurde für ihr Warten belohnt, indem Manfred sie mit dem Betreten des Saals sofort über das Parkett schweben ließ. Für mich waren solche Schilderungen ganz normal und ich dachte als Kind, wer so viel zu tun hat wie mein Vater, hat keine andere Wahl. Und ist ein Held.

Im Studium merkte ich erst, was es bedeutet, zur zweiten Kategorie zu gehören, den Angst-Aufschiebern. Zu gern hätte ich meine Hausarbeiten rechtzeitig angefangen, um sie in Ruhe schreiben und überarbeiten zu können. Aber die Furcht vor der Bewertung der Texte blockierte mich derart, dass ich lieber Fenster putzte oder Socken sortierte, als mich meiner dringenden Aufgabe zu widmen.

Heute weiß ich, wie zielstrebig und gewissenhaft mein Vater seine Projekte geplant und durchgeführt hat. Als Kind wusste ich es nicht. Ich dachte, dass Flugzeiten und Fahrpläne für meinen Vater nicht gelten. Und eine Weile dachte ich, dass auch für mich im Studium und im Beruf gerne eine Ausnahme gemacht wird; so als Sohn eines Helden ...

Ich löste das Problem auf meine Weise des Heldentums. Ich schrieb ein Sachbuch über das Thema *Aufschieberitis* und auch ein Kabarett-Programm, das ein Schauspieler viele Jahre in Lizenz spielte. Zum Glück schob er es nie auf, mir die Tantiemen zu zahlen. Selbst eine Doktorarbeit meldete ich an, um wissenschaftlich zu belegen, warum so viele Doktorarbeiten auf den Sankt Nimmerleinstag verschoben werden.

Bis heute konnte ich sie aus den erwähnten Gründen nicht abgeben ...

Der Mann im Föhn

Mein Vater ging regelmäßig mit uns Kindern schwimmen. Für Sport hatte er viel übrig, auch wenn er keinem Verein angehörte. Mein großer Bruder übernahm die Rolle des Spitzensportlers in der Familie und brachte uns als Welt- und Europameister im Formationstanzen in Standard und Latein Ehre. Ich brachte es zu keinem Titel. Weder im Sport noch in anderen Bereichen. Die einzige *stumme Linie* zwischen mir und der Welt der Prominenten ist, dass meine erste Freundin Bundesministerin wurde. Meine erste Verlobte sitzt im Berliner Senat. Aber an mir lag es bestimmt nicht.

Zurück zum Sport. Manchmal verabredete sich mein Vater mit einem Nachbarn zum Tennis. Rudern spielte in seiner Kindheit am Rhein eine große Rolle. Einmal ging er mit uns im Restaurant des Düsseldorfer Ruderclubs essen, was in seiner Jugend den Besserverdienern vorbehalten war. Unter Rudern und Paddeln stellte ich mir als Kind das Gleiche vor. Meine Oma und meine Großtante erzählten, dass sie früher oft mit einem Faltboot tagelang den Rhein hinunter gepaddelt sind und auf den Zwischenstationen im Zelt übernachtet hatten. Als Alarmanlage diente nachts ein Bündel Blechdosen, die an das Boot gebunden wurden. Dann hätte es gehörig gescheppert, wenn ein Dieb mit dem Boot davon geschlichen wäre.

So ein Faltboot lernte ich bei meinem Großonkel kennen, wenn ich mit ihm auf der Mosel paddelte. Dass er im Zweiten Weltkrieg bei der Marine mindestens Zeuge von Kriegsverbrechen wurde, erzählte er mir erst später. Obwohl dieser sehr einfache Großonkel ein ansonsten mitfühlender und friedliebender Mann war, der montags den SPIEGEL las und stets SPD wählte, konnte ich ihn nicht von seinen antisemitischen Vorurteilen abbringen. Die Diskussion endete jedes Mal mit seinem hilflosen Totschlagargument: "Du hast die Zeit ja nicht miterlebt!" Als ich dann fragte, ob er sich wieder Hitler an der Regierung wünschen würde, sagte er zum Glück: "Um Gottes willen!".

Was wir mit meinem Vater im Schwimmbad genau machten, weiß ich nicht mehr. Ich kann mich nur noch an die Sammelumkleide erinnern und an das Haaretrocknen hinterher. Im

Flur des Schwimmbads hing an der Wand in Kopfhöhe ein kastenartiger Föhn. In der Mitte des Kastens ragte ein Rohr nach unten, aus dem die heiße Luft strömte. Mein Vater nahm gerne eine Socke und stülpte sie über die Düse. So war nur noch der Kasten zu sehen, aus dem sich ein Fuß zu strecken schien. Und Manfred zeigte zuverlässig auf die prall gefüllte, heiße Socke und sagte: "Guck mal, da ist ein Mann im Föhn!"

Das fand ich immer sehr lustig und ich schaute mir von meinem Vater diese kreative Denkweise ab. Wo lässt sich aus etwas Alltäglichem die humorvolle Seite herauskitzeln? Wenn ich heute eine Salatgurke schneide, mache ich als Erstes an der Spitze einen kurzen Längsschnitt. Schon öffnet sich das "Maul" der Gurke. Unverkennbar hat sich die Gurke in einen Delfin verwandelt! Wenn Sie ihr in den Schlund schauen, werden Sie mir sofort recht geben ...

Humor als Überlebensmittel

Als Johann Winters im Jahre 1803 für sein Hänneschen-Puppentheater zwei neue Figuren erfand, ahnte er nicht, wie sich die beiden 165 Jahre später in meine Erziehung einmischen würden: Tünnes und Schäl. Die beiden Kölner Originale sind um keine Pointe verlegen und führen weit über die Puppenbühne hinaus in unzähligen Witzen ein Eigenleben. Tünnes ist die Koseform von Antonius und der Schäl wird nicht umsonst als schielende Type dargestellt. Denn "schäl" bedeutet "schielend", aber auch so viel wie "falsch". Das bekommt man spätestens zu spüren, wenn man in Köln auf der "schäl Sick" vom Rhein wohnt.

So brachte mir mein Vater humorvoll Tischmanieren bei mit dem geflügelten Wort: "Der Tünnes beschwert sich beim Schäl: Als du dich eben mit der Gabel am Kopf gekratzt hast, ist mir das Messer im Hals stecken geblieben!" Ich nahm die Kritik sehr ernst und merkte mir fürs Leben, dass man beim Essen ein Messer nicht in den Mund stecken darf. Noch heute ist es für mich kaum auszuhalten, wenn ich solchen Menschen beim Essen zusehen muss. Ich teile meinen Freundeskreis penibel in zwei Gruppen ein: Es gibt diejenigen, die das Messer manierlich behandeln und auf der Schwarzen Liste stehen die unbelehrbaren Messer-Esser.

Während andere Kinder unter Vätern zu leiden hatten, die sich auf ihre Kosten lustig machten, kam ich in den Genuss des rheinischen Humors in seiner komischsten und menschlichsten Form. Ich liebte es, wenn Manfred knifflige Situationen mit einem passenden Spruch auflockerte: "Eine Kuh macht Muh. Viele Kühe machen Mühe ..." Besonders gern mochte ich seine knochentrockene Reaktion, wenn eine Mahlzeit so missraten war, dass sie keiner essen wollte: "Mach einen Stich Butter dran, dann kriegt es die Katz´."

Der Humor ermöglichte mir zudem, *stumme Linien* zu ihm zu ziehen. Vielleicht begann ich deshalb schon sehr früh, mir jeden Witz und jede komische Geschichte zu merken. Schließlich konnte ich nur mit einem großen Repertoire in jeder Situation mit Manfred die passende Pointe abschießen. Wenn er über mich lachte oder meine lustige Bemerkung sogar lobte, war mein Glück perfekt. Sicher gibt es viele Gründe, warum ich den Humor einige Jahre zu meinem Beruf als Bühnenautor und Business Kabarettist gemacht habe. Auf jeden Fall legte die lebensbejahende, genussfähige und fröhliche Art meines Vaters hierzu den Grundstein. Von ihm lernte ich die Kunst, das Schwere im Leben mit der beflügelnden Kraft Humors von oben zu betrachten.

Schon Aristoteles wusste vor über 2000 Jahren, es wird dann komisch, wenn kleine Katastrophen ein Happy End haben. Und der Vorrat an kleinen Katastrophen, die wir in letzter Sekunde noch zum Guten wenden, wird uns so schnell nicht ausgehen. Tünnes und Schäl formulieren es fast genauso: "Es hätt noch immer jut jegangen ...".

diffidamento che a

tate somme nel termi

sarà procedere al p

mabile ——

sempre ogni dir

ua dell'atto presente e

lie di sua procesa

Specifi

da balli fagli due

Post von Kafka

Franz Kafka schrieb 1919 einen Brief an seinen Vater, den er niemals abschickte. Vieles von dem, was er dort seinem Familienoberhaupt spiegelt, ist bei mir völlig anders gelaufen. Mir redete keiner in die Wahl meiner Partnerinnen rein und es wurde mir sogar großzügig verziehen, dass ich zweimal, ohne meine Eltern oder sonst jemanden einzuladen, heiratete. Ich brauchte bei ihm keine Wutausbrüche zu fürchten, keine Bevormundungen und ich durfte mich frei entfalten. Es galt das ungeschriebene väterliche Gesetz, wer mich toleriert, den toleriere ich auch.

Wie alle Kinder verglich ich meinen Vater mit anderen Vätern. Und ich feierte die Unterschiede. Während sich andere Familien mit Papa um 18.00 Uhr zum Abendbrot versammeln mussten, kam Manfred erst spät am Abend, weil er in seiner Firma noch so viel zu erledigen hatte. Bei uns flimmerte abends auch kein Fernseher, vor dem die gewöhnlichen Eltern viereckige Augen bekamen. Ein Graus wäre mir ebenfalls die Vorstellung gewesen, mit meinem Vater zusammen Hausaufgaben zu machen wie ich es bei meinen Freunden erlebte. Wenn mir in anderen Familien gedroht wurde, dass ich nicht mehr so frech und frei reden könne, sobald der Herr des Hauses eintreffen würde, verstand ich die Welt nicht mehr. Warum sollte ich mich einem Hausherrn unterordnen? Nur, weil er sich für den Anführer der Familie hielt? So etwas kannte ich nicht. Dafür sah ich meinen Vater viel zu selten.

Es gibt die psychologische Annahme, dass der Vater beim Kind den Umgang mit den Regeln der Realität schulen würde, während die Mutter mit ihrer alles verzeihenden Liebe eher Fünfe gerade sein lässt. Nach dieser Theorie habe ich erst etwas später Kontakt zur Realität aufgenommen als die Spielkameraden, die jeden Tag mit Papa gleichzeitig ins Abendbrot bissen.

Besonders interessiert mich, was die Psychologen zum väterlichen Weihnachtswunder sagen. In meiner Familie kam es häufiger vor, dass wir Heiligabend am vierten Advent feierten, weil meine Eltern über Weihnachten mit meinem kleinen Bruder in die USA flogen. Unvergessen ist der vierte Adventssonntag, als Boris Becker eines seiner ersten großen Tennis-Matches spielte. Meine Familie spielte zur gleichen Zeit um den Fernseher herum Heiligabend. Als Sport-Fan musste man es als höllische Fügung des Himmels verstehen, dass Boris ausgerechnet an diesem Tag seine Bälle in unser Wohnzimmer schmetterte. Tiefenpsychologen leiten davon vielleicht den Tennisvaterkomplex ab, der durch Steffi Graf bekannt wurde. Verhaltenspsychologen sehen darin wahrscheinlich nur einen Vater, der gut für sich gesorgt hat. Die Theologen meinen: "Ach Gott, für Boris war es wie Weihnachten ..." Und Franz Kafka beendet sein Schreiben an den Vater auch mit Bezug auf ein Spiel: "Das Leben ist mehr als ein Geduldspiel; aber mit (meinem Brief ...) ist meiner Meinung nach doch etwas der Wahrheit so sehr Angenähertes erreicht, dass es uns beide ein wenig beruhigen und Leben und Sterben leichter machen kann."

Kommentierte Literatur- und Podcasthinweise

Ahnert, Liselotte: Auf die Väter kommt es an: Wie ihr Denken, Fühlen und Handeln unsere Kinder von Anfang an prägen, Ullstein 2023. *Neue wissenschaftliche Erkenntnisse über die wichtige Rolle der Väter. Es konnte aber auch wissenschaftlich das Vorurteil widerlegt werden, dass Kinder mit gleichgeschlechtlichen Eltern in irgendeiner Form benachteiligt wären. Ähnliches gilt für Adoptiv- und Pflegeväter, weil sie zum Kind eine vergleichbare Bindung aufbauen können.*

Kafka, Franz: Brief an den Vater / Das Urteil. Textausgabe mit Kommentar und Materialien: Reclam XL – Text und Kontext 2022. *Im "Brief an den Vater" wird nicht nur das Verhalten des Vaters mit messerscharfen Beobachtungen geschildert, sondern auch die Bedeutung des Verhaltens der Mutter für die eingespielten Muster im Familiensystem analysiert. Dabei schont der Erzähler sich nicht mit Selbstkritik. Der literarische Text sollte nicht auf die Lesart reduziert werden, dass es sich um einen privaten Brief des Autors an seinen realen Vater handeln würde. Vielmehr spielt dieses Stück Weltliteratur mit den Erwartungen der Lesenden und bietet ihnen ein Modell, um die vielen Schichten der eigenen Vaterbeziehung zu reflektieren.*

Leyhausen, Malte: Das Lachen des Tigers, tredition Verlag 2023. *Heiterer Roman über einen Vater, der nach seiner Firmenpleite die Familie über Wasser halten will, indem er auf einem Kreuzfahrtschiff als Komiker anheuert.*

Leyhausen, Malte: Familie ist nichts für Feiglinge. Wie sich Familien neu erfinden können, edigo Verlag 2023. *Psychologischer Ratgeber für Familien, welche sich mit einer neuen Selbsterzählung neu erfinden möchten.*

Leyhausen, Malte: Jetzt tu ich erstmal nichts - und dann warte ich ab. Wie es sich mit Aufschieberitis gut leben lässt, Herder Verlag 2012. *Humorvoller Ratgeber für Aufschieber*innen, die ihre Projekte endlich zu Ende bringen möchten.*

Leyhausen, Manfred: Das Leben von Manfred Leyhausen, in:

Melina Hildebrandt, Es war einmal - Die Geschichte deines Lebens #17, Podcast 2020.

Wer Manfred Leyhausen auf der Tonspur persönlich erleben möchte, bekommt mit diesem kurzweiligen Podcast-Interview über sein Leben eine komfortable Möglichkeit. Viele Details aus diesem Buch finden sich in seinen spannenden Erzählungen wieder. Zu hören bei allen einschlägigen Podcast-Portalen wie Spotify & Co.

MALTE LEYHAUSEN

Malte Leyhausen, geboren 1968, studierte Germanistik, Pädagogik und Politik. Von ihm erschienen bereits humorvolle Sachbücher ("Familie ist nichts für Feiglinge. Wie sich Familien neu erfinden können", edigo Verlag, "Jetzt tu ich erstmal nichts - und dann warte ich ab. Wie es sich mit Aufschieberitis gut leben lässt", Herder Verlag) und der Roman "Das Lachen des Tigers" (tredition Verlag). www.malte-leyhausen.de